Välfungerande barn

BOSSE ELFTORP

Välfungerande barn

© 2018 Bosse Elftorp
Omslagsutformning: Mattias Elftorp
Sättning: BoD – Books on Demand
Förlag: BoD – Books on Demand, Stockholm, Sverige
Tryck: BoD – Books on Demand, Norderstedt, Tyskland
ISBN: 978-91-7785-908-6

Innehållsförteckning

Innan jag gifte mig hade jag sex teorier
om barnuppfostran. Nu har jag sex barn
men inga teorier.

(Henrik Pontoppidan)

Inledning

Jag har varit lärare på lågstadiet i ungefär 40 år. Under de åren har jag mött de flesta »sorters« elever man kan tänka sig. Det har varit elever som har kastat vassa saker genom klassrummet och de som på andra sätt har varit en fara för sig själva och för sin omgivning. Det har varit de som jag önskat mig lite mer ljud från, elever som inte på långa vägar har utnyttjat sin kapacitet och de som, på ett positivt sätt, har trotsat alla lågt ställda prognoser.

De allra flesta, emellertid, har befunnit sig i det stora utrymmet däremellan. De har varit, vad man skulle kalla helt »vanliga« barn. De har funnit glädje i en del av skolarbetet och tyckt att annat har varit långtråkigt, svårt och jobbigt. En del har tyckt att rasterna har varit alldeles för långa eftersom de inte har haft någon att leka med, medan de flesta har funnit rasterna fullkomligt underbara, alldeles för få och alldeles för korta.

På senare år, när jag har tänkt tillbaka på mitt lärarliv och summerat mina erfarenheter, är det en sak jag särskilt har reflekterat över: Vad kommer det sig att vissa barn, redan från första skoldagen är så välfungerande?

Jag tänker på de barn som från dag ett har med sig rätt saker till skolan, materiel till skolarbetet, gymnastikutrustning, mössa, vantar, regnkläder vid dåligt väder. På ett ställe fick jag till och med äpplen då och då, men det var förstås i Urshult, det småländska äppeldistriktet.

Nåja, gåvor till läraren är ju inte det som gör barn välfungerande. Viktigare är att dessa barn har med sig ett empatiskt tänkesätt till skolan, som gör att de skapar goda relationer till klasskamrater och till de vuxna de träffar på sin »arbetsplats«.

En annan sak är att de inte heller fuskar sig fram, varken i skolarbetet eller i livet och att de alltid försöker göra sitt bästa.

Vad beror det på att vissa barn är sådana och – varför är inte alla barn sådana?

Jag tror nämligen att i stort sett alla barn egentligen vill vara välfungerande, men alla har inte förmågan, av olika skäl.

Omkring detta stora och viktiga område har mina tankar rört sig på senare år. Det har också väckt en iver att hitta svaret på frågan!

Det mesta av beteendeforskningen kring skolan handlar om varför »Pelle krånglar« och varför »Lisa strular«. Jag vill vända på perspektivet och söka efter de goda exemplen med hopp om att de kan bidra till något positivt i skola och hem.

Hur jag har tänkt vidare och hur jag har arbetat, om det handlar den här lilla boken. Den vänder sig både till lärare och till föräldrar. Bokens form och språk gör kanske att den inte är så lättillgänglig för unga trots att de ju står i centrum. Däremot är mitt hopp att boken ska ge föräldrar en hjälp på traven att hitta ett förhållningssätt så de kan hjälpa sina barn att bli …

VÄLFUNGERANDE BARN!

Det finns bara två bestående gåvor
vi kan ge våra barn. Den ena är
rötter, den andra är vingar!

(Hodding Carter)

Så började jag.

Mina tankar fick lite mer fast form under min sista termin före min pensionering. Jag visste då att jag skulle komma att få mer tid att arbeta vidare under den kommande hösten.

Min första tanke var, att barnens välfungerande beteende borde hänga ihop med någonting hos föräldrarna, och det är ju inte precis någon högoddsare. Jag hade nu chansen att i samband med de sista utvecklingssamtalen och andra avslutande aktiviteter passa på att fråga en del föräldrar om de ville ställa upp på en intervju under den kommande hösten.

För att få en hanterbar mängd intervjuer valde jag att fråga föräldrarna till ungefär halva antalet barn i klassen, 8 stycken, plus ett syskon till en tidigare elev. Jag kunde ha valt fler elever i klassen, det var en sådan klass, men jag ville inte ta mig vatten över huvudet. Dessutom ville jag vara säker på att jag skulle hinna med intervjuerna under hösten. Jag lovade också föräldrarna att de skulle få en första rapport så snart jag hade sammanställt underlaget från intervjuerna. Detta fick bestämma det begränsade omfånget på undersökningen.

Barnens ålder var 9-10 år, alla gick i årskurs 3. Frågorna i undersökningen rör barnens uppväxt i åldersspannet 0-10 år.

Min första »hypotes« var alltså att barnens välfungerande beteende beror på någonting hos föräldrarna, även om det måste finnas ett visst utrymme också för slumpens skördar och för påverkan av kamrater. Föga förvånande, alltså, en kombination av arv och miljö.

Utifrån detta antagande ställde jag ett antal underliggande hypoteser med följdfrågor. Detta blev underlaget för intervjuerna. Jag blev sedan tvungen att revidera frågebatteriet innan jag började med intervjuerna. För att få en likvärdig och rättvisande bedömning av svaren på frågorna bestämde jag mig redan från början för att avstå från att »tjuvtitta« på svaren under intervjuperioden.

De olika delhypoteserna fick, genom kapitelindelningen till stor del styra bokens upplägg.

Jag är också medveten om att undersökningens ringa omfattning gör att den förlorar i vetenskaplig tyngd, men jag är säker på att de resultat som har kommit fram genom intervjuerna ändå kan ha ett stort värde, särskilt de svar som är genomgående i alla intervjuerna.

Genom att genomföra undersökningen i form av djupintervjuer har jag velat nå kvalitet i stället för kvantitet.

Barn stavar kärlek så här: T-I-D!

(Dr Anthoney P Witham)

Föräldrarna har varit aktiva i att ge sina barn goda livsmönster. (Hypotes nr. 1)

Min första fråga var om föräldrarna har haft ledstjärnor i sättet att uppfostra sina barn. Det var nog ett konstigt sätt att formulera frågan för nästan ingen av föräldrarna hade haft någon sådan ledstjärna från det att barnen var riktigt små. Bara en förälder hade tidiga mål för hur hon ville att hennes barn skulle utvecklas. Däremot utvecklade alla föräldrarna ett sätt att tänka för att deras barn skulle bli snälla, omtänksamma, artiga och trygga, värdeord som jag har hämtat direkt ur intervjuerna.

Några betonade att det har varit viktigt att deras barn skulle känna sig älskade, att de skulle få en inre styrka, självständighet och mod att gå sin egen väg genom livet och att våga prova nya saker, för några att hitta en trygg miljö i någon kyrka. Till och med var det någon som har låtit barnens behov påverka valet av bostad.

Vad har då föräldrarna gjort för att deras barn skulle bli sådana som de önskade?

Det mest slående svaret är att föräldrarna har givit sina barn tid. Det har de gjort på olika sätt:

*Några har anpassat sin arbetstid eller studietid så att de har kunnat vara hemma med sina barn. Några har lyckats arrangera livet så att föräldrarna växelvis har varit hemma. Då har det alltid varit någon som har kunnat ta emot barnet när det har kommit hem från skolan. I några fall har föräldrarna också kortat ner tiden på skolans fritidshem genom att de har hämtat sina barn tidigare.

*Några har kunnat få hjälp av mor- och farföräldrar för att minska veckotid i förskolan och senare på fritids eller för att barnet inte ska vara i den omsorgen alls.

Detta ska inte tolkas som kritik av kvaliteten på fritids-hemsverksamheten utan mer en fråga om att man har velat ha sina barn i en lugn hemmamiljö.

*Ett annat sätt har varit att låta saker ta tid, att söka en lugn livsrytm utan att ha för mycket aktiviteter, framför allt på helgen. I flera av familjerna har föräldrarna aktivt påverkat sina barn att inte ha för mycket aktiviteter på fritiden, detta för att inte belasta sina barn med den stress det innebär att ila från den ena aktiviteten till den andra och där aktivitetstiden blir en konkurrent till läxläsning, lek och spontant umgänge med kamrater och familj.

Författarens kommentar: Ibland kan man få uppfattningen att föräldrar i vissa familjer driver på sina barn för att dessa ska ha så mycket aktiviteter som möjligt. För vems skull gör man detta, föräldrarnas eller barnens? Är det till och med en fjäder i hatten i de vuxnas sociala umgänge, att deras barn har en så aktiv fritid? Är detta en bidragande orsak till många barns och ungdomars stressade tillvaro som till och med orsakar sömnsvårigheter?

*Det har varit viktigt att satsa tid på att hjälpa sitt/sina barn med läxorna och att läsa mycket för sitt barn för att på det sättet ge barnet en god språkutveckling och att stimulera barnets fantasi. Utan att ha relaterat det till forskningen, har föräldrarna där ett starkt stöd när de lägger mycket tid på att läsa sagor och berättelser för sina barn.

Inte bara är det stimulerande för barnen, det skapar också en stund av trygghet för barnet och närhet för både barn och vuxna. Vi som lever på 2000-talet kan tycka att det är en självklarhet att ha sitt barn nära, att barn ofta sitter i knät hos sina föräldrar, men om vi går tillbaka några generationer, var den fysiska närheten mellan föräldrar och barn en bristvara i många familjer likaväl som den var en självklarhet hos andra. Det var faktiskt en ojämlikhet som vi inte talar om så ofta.

*Föräldrarna har tagit mycket tid till samtal. Några har betonat att de har velat vara noga med att förklara hur saker hänger ihop, varför föräldrarna har tagit vissa beslut samt vilken roll barnet självt har i olika sammanhang och situationer. En given plats för samtalen har till exempel varit matbordet. Jag vill påstå att just matbordssamtalet är en av de viktigaste nycklarna till att barn kan bli välfungerande både i skolan och i andra sammanhang.

Vad är det då som händer vid matbordet förutom själva pratet, som i sig bygger upp någonting gott mellan generationerna? Jo, det blir ju naturligt så att samtalet handlar om hur det har varit i skolan idag, hur veckan har varit, hur skolmaten har smakat, om det har varit bråkigt, hur rasterna har varit, om gympapåsen är packad, om det händer något ovanligt i skolan de kommande dagarna och som kräver någon speciell utrustning, om det är någon läxa som ska förhöras o.s.v.

Listan kunde vara mycket längre men det som händer är att barnen får en vana att reflektera över sin tillvaro, att handskas med problem och glädjeämnen. Föräldrarna kan ge sina barn redskap i livet. Det hjälper dem att skapa en struktur i tillvaron, ett då, ett nu och ett sedan.

Förutom alla »nyttigheter« kan det också bli många glada skratt, planering av utflykter och semestrar där barnen kan bidra utan att bli belastade med för mycket ansvar.

En familj berättade i en intervju att barnen i familjen ibland avslutar måltider med »cirkusföreställningar« där föräldrarna får vara en tacksam publik. Så härligt det låter och vilka härliga minnen att ha med sig i livet. Jag återkommer till samtalets plats i familjen.

Än en gång: Den tid man ger sina barn blir ett kapital som bara växer med ränta på ränta!

Som jag redan har nämnt, hade nästan inga föräldrar en utmejslad strategi för sina barns utveckling redan från spädbarnsstadiet utan den har fått växa fram efterhand som barnen har blivit äldre.

Flera har ändå nämnt vikten av att båda föräldrarna har pratat mycket med varandra, att de har varit överens om sättet att bemöta sina barn, att barnen har fått »samma budskap« även om budskapet har förändrats i takt med barnens stigande ålder. De har varit noga med att poängtera att eventuella olikheter i uppfattning inte har behandlats inför barnens öron utan mer under diskretion, för att inte vålla oro hos barnen.

Författarens reflektion:

Det är en styrka att vara två föräldrar som kan samtala med varandra och som kan hämta kraft hos varandra eftersom livet som småbarnsförälder kräver både mental och fysiskt styrka och uthållighet.

Men hur gör då en ensamstående förälder för att klara av livet med dess påfrestningar? Den ensamstående har ju förmånen att få bestämma själv men det behöver inte nödvändigtvis göra saken lättare. Påfrestningen är ju minst lika stor. Det som kan hjälpa upp situationen är om föräldern har en egen förälder i närheten, en god vän eller en god granne. Den personen kan ju vara värd sin vikt i guld som samtalspartner, som barnpassare vid sjukdomsfall och vid andra akuta situationer som inte går att förutse.

Att hjälpas åt vid matinköp och att fungera som bollplank i kniviga situationer är också en ovärderlig hjälp och ett stort stöd i livet.

Först när man säkert vet hur barnbarnen
har utfallit kan man bedöma om man har
uppfostrat sina barn rätt.

(Erich Maria Remarque)

Mor- och farföräldrarna har haft liknande syn på barns beteende. (Hypotes nr 2)

Den generation som vi nu kommer in på var själva barn på 1940- och 1950-talet. På den tiden såg familjesituationen ut på ett helt annat sätt än dagens. Pappan i familjen förvärvsarbetade och mamman var hemmafru, förskola fanns bara i ytterst liten omfattning och fritidshem inte alls.

Det var självklart att barnens värld bestod av hemmet och lekkamraterna som bodde i närheten. Inträdet i idrottsvärlden, med träningar och matcher skedde flera år senare än vad de gör nu.

Det betyder att det var familjens värderingar som påverkade barnen i mycket högre grad än i våra dagar, då barn växer upp i ett mediasamhälle med TV, TV-spel, filmer, skärmar, internet, sociala medier, förskola och fritidshem.

Då blir man lite förvånad över undersökningens intervjusvar som visar på en oväntad bild.

Det verkar som om mor- och farföräldrarnas värderingar och syn på barnuppfostran har följt med till nästa generation. Det verkar inte som om eventuell akademikerbakgrund har haft någon påverkan, inte heller det sociala sammanhanget.

Här måste man påpeka att detta gäller resultatet från just den här undersökningen, inte generellt i Sverige.

Det speciella är att det som var självklar påverkan en generation tillbaka, nu är ett uttryck för ett högst medvetet ställningstagande från en del av 2000-talets föräldrar, där man mer aktivt vill påverka sina barn i en önskad och positiv riktning. I de fall där överföringen av värderingar mellan generationerna inte har varit helt och hållet positiv, har ändå föräldrarna i undersökningen kunnat justera färdplanen i önskad riktning.

Min tolkning av värderingarna hos de föräldrar jag har intervjuat visar på en önskan att ge sina barn stöd i livet i ett allt mer komplicerat samhälle, där barnen är utsatta för olika typer av påverkan som inte bara är gynnsamma.

Författarens reflektion: Det förefaller som om föräldrars värderingar omkring synen på sina barn kan »gå i arv«. I de fall som finns med i undersökningen består arvet i en önskan att ge sina barn en trygg, stadig och förutsägbar tillvaro där goda egenskaper i förhållande till omgivningen är något som gör livet lättare att leva.

Barn är till en stor tröst i ålderdomen –
och de hjälper dig också att nå den snabbare !

(Lionel Kauffman)

Föräldrarna tycker att ett demokratiskt sätt att leva också ska finnas i familjen. (Hypotes nr. 3)

När jag skrev min hypotes såg jag framför mig ett antal familjer med regelbundna familjeråd där man kom överens om läggtider, veckopengens storlek etc.

Så fel jag hade!

Nästan inga familjer har familjeråd. Där det finns, är det barnen i familjen som trycker på för att ta upp frågor som de jag just har nämnt och då är det ganska oregelbundet.

Däremot kommer barnen ofta till tals i specifika frågor. Det kan gälla matsedeln, semesterplaner, ändring av läggtider efter stigande ålder m.m. Det verkar som om barnen ofta kan göra sina röster hörda men det är flera familjer där föräldrarna tycker att de, som vuxna, bör ta ett vuxenansvar i olika frågor och inte lägga ett alltför stort ansvar på sina barn samt att detta synsätt bidrar till att göra barnen trygga och att livet på det sättet delvis blir förutsägbart.

Några föräldrar har uttryckt att allting inte måste utgå bara från barnens behov och önskemål och att jämlikhet i familjen ibland får till följd att barnen helt enkelt »får hänga med« på det som de vuxna bestämmer.

Forskare har kommit fram till att det blir jobbigt och tröttsamt för barn att alltid få frågor som: »Vad tycker du att vi ska äta för mat idag?« och »Vart tycker du vi ska åka på semester i sommar ?«

Ibland kan det vara alltför stora frågor att ta ställning till och på det sättet också ta ansvar för om man är ett barn på 9 år. Barn i den åldern kan ju inte heller överblicka de ekonomiska konsekvenserna av olika ställningstaganden. En del barn kan till och med avstå från att presentera sin åsikt därför att de tror att det kommer att bli för dyrt för familjen.

Vill man göra sitt barn delaktigt i familjens beslut är det bättre att de vuxna presenterar t.ex. ett par rimliga och övertänkta alternativ där barnet får vara med och ha synpunkter. Men då måste också alternativen vara genomförbara.

Om det finns flera syskon i familjen kan demokratitanken tillämpas så att syskonen låter majoriteten bestämma. Det var några föräldrar i undersökningen som hade råkat höra en överläggning mellan sina barn där syskonen hade kommit överens om att majoriteten skulle få segra, detta trots att det äldsta syskonet skulle förlora i omröstningen. De barnen hade kommit långt i sin demokratiska process.

Författarens reflektion:

Det verkar som om demokratitanken är levande i alla familjerna, inte så mycket i formell form, utan mer i praktisk tillämpning och som ett uttryck för respekt för varandra och mellan vuxna och barn.

De som alltid låter barn göra som de vill har
fullständigt missförstått begreppet Frihet. Det är
direkt fegt att säga till sina barn: Gör som ni vill !

(Astrid Lindgren)

Föräldrarna tycker att miljöfrågor är viktiga. (Hypotes nr. 4)

Gröna vågen är förbi! Det vill säga: Det som miljöaktivisterna kämpade för på 1970-talet har förvandlats till självklarheter för dagens föräldrageneration. Åtminstone för de familjer som ingår i undersökningen.

På 70-talet fanns inte källsorteringen utbyggd i samhället, med närhet för alla hushåll. Man fick ta med sig allt utom hushållssoporna till en plats där det i bästa fall kunde sorteras. Systemet, där man sorterar i bostadsområdet, eller åtminstone i närområdet, kom senare.

Den helt dominerande aspekten är att hela familjen källsorterar. Dels tycker alla att det är viktigt, dels hjälper barnen gärna till, både i närsorteringen hemma och i bostadsområdet samt när det gäller att åka till återvinningscentralen.

Annat som kom fram vid intervjuerna är att man cyklar eller går i stället för att ta bilen, att man slänger mat i mycket liten omfattning, att man lämnar kläder till Second Hand-butiker i stället för att slänga dem, man har samtal om matens ursprung och att man kan köpa rättvisemärkt eller ekologisk mat. Några föräldrar har märkt att deras barn har blivit mer miljömedvetna. Det verkar som om en del av barnen har tagit kunskap och värderingar med sig hem från skolan, något som skulle värma deras lärares hjärta! Barn lyser verkligen upp hemmet.

> *Barn lyser verkligen upp hemmet. Har du någonsin sett ett barn under tolv år slå av en strömbrytare?*
>
> (Okänd)

Det är en sak jag gillar med små barn. De går
inte runt och visar upp bilder på sina föräldrar.

(Tage Danielsson)

Familjerna har ofta samtal, där alla kommer till tals och där man inte avbryter. Det kan ske vid matbordet, men också i andra sammanhang. (Hypotes nr. 5)

En del av det jag beskriver i detta kapitel, finns också med i avsnittet om Hypotes nr. 1, men det har en sådan tyngd i sammanhangen att jag inte har redigerat bort det. Det rör ju både frågan om hur man ser på begreppet Tid och samtalets plats i familjen.

Det mest signifikanta vid alla intervjuerna är att samtalet har en central plats i familjen.

Den vanligaste platsen och tiden är vid matbordet. Alla föräldrarna betonar att de lägger stor vikt vid att familjen ska ha tid att äta tillsammans. Eftersom det är vanligt att barnen, med stigande ålder också får fler fritidsaktiviteter skulle detta kunna vålla problem när det gäller sammanhållna måltider. Det verkar dock inte vara fallet. I de familjer som har varit med i undersökningen har man löst det på två sätt:

*Det ena är att man har försökt hålla nere antalet aktiviteter för att barnen inte ska bli stressade av just detta.

*Det andra sättet är att familjen har anpassat mattiden till barnens aktiviteter. Man har alltså tidigarelagt eller senarelagt mattiden för att kunna äta tillsammans. Det har inte lyckats till hundra procent, men man har ändå lyckats bättre än om sammanhållna måltider inte hade varit viktiga för familjen.

Samtalet vid bordet har till stor del handlat om vad som har hänt under dagen eller tidigare under veckan. Man har också talat om vad som kommer att hända senare under veckan eller under kommande helg. Detta har säkert gjort det lättare för barnen att hålla reda på vilka förberedelser som måste göras i form av läxor, idrottskläder och papper som ska fyllas i och lämnas till förskola/skola. Det hjälper barnen, och för all del deras föräldrar också att skapa struktur i livet rent generellt och att få goda vanor och rutiner.

Annat som har kommit fram vid intervjuerna är att tillrättavisningar och liknande inte hör hemma vid matbordet. Där ska öppenhet och positiva samtal vara det viktigaste.

Flera familjer har hållit fast vid att alltid ha samma mattid för att det ska vara lättare för barnen att komma ihåg när man ska vara hemma för att äta.

I en del familjer är barnen delaktiga i måltiden, antingen i planering och inköp, i matlagning eller dukning.

I en del sitter alla kvar till alla har ätit färdigt, hos någon är det show time på »scenen« nära matbordet när barnen har ätit färdigt och föräldrarna tar mer tid på sig för att äta färdigt eller sitta kvar som uppskattande publik.

Det andra huvudalternativet när det gäller tid för samtal är när det är dags att gå och lägga sig. Då kan jobbiga saker från skoldagen komma upp. Då är det skönt med ett samtal »mellan fyra ögon«. När det är mörkt och tyst, kan tankar tränga fram som inte fick plats tidigare under dagen och som behöver behandlas före nattens sömn.

Om du vill att dina barn ska bli begåvade
så berätta sagor för dem.
Om du vill att de ska bli mycket begåvade
så berätta ännu fler sagor för dem!
(Albert Einstein)

Föräldrarna har läst böcker för sina barn. (Hypotes nr. 6)

Samtliga föräldrar har läst böcker för sina barn. Naturligtvis mest när barnen var små. Efterhand som barnen har blivit äldre och fått en bättre läsförmåga har de tagit över läsningen själva. I något hem är det ombytta roller, så att barnet nu läser för föräldrarna.

I de flesta hemmen är det alltid så att dagen slutar med att barnen läser en stund innan det är dags att släcka och somna.

Hos de flesta sker detta i 8-10-årsåldern mellan kl. 20 och 21 under veckan och senare på helgen.

Några frågor ställde jag som inte hade koppling till någon hypotes, men som ändå är intressanta eftersom jag tror att de förstärker bilden man får om man söker anledningar till varför barnen i dessa familjer är just »välfungerande«. De frågorna fortsätter jag med i nästa kapitel.

Några skolfrågor:

Om skärmbruk:

Vid intervjuerna var det slående att barnen i familjerna ser TV-program i hemmets allmänna utrymmen och inte på sitt eget rum. Det verkar som om barnen trivs bra med att vara i familjegemenskapen även om de skulle ha egen TV på sitt rum (vilket de flesta i undersökningen inte har). Föräldrarna ser också fördelen med detta för att veta vad barnen ser för program, för att kunna kommentera det som visas och för att kunna förklara saker som skulle kunna vara skrämmande eller svårbegripliga.

När det gäller s.k. paddor/surfplattor verkar det som om de flesta har ett avdramatiserat förhållningssätt till dem. Användandet får styra och om det blir för mycket, tar man ett samtal om det och löser det utan alltför mycket dramatik. Det verkar också som om många av barnen gärna gör annat än sitter vid sin skärm.

Intervjuerna är gjorda under hösten 2015 när många av landets skolor har försett sina elever med skärmar av olika typer. Det blir intressant att se vad som händer i framtiden, både när det gäller läsfärdigheten hos barn och ungdomar och de vanor som påverkar nattsömnen och det sociala spelet hos våra tonåringar.

Om skolan:

Läxor: I stort sett alla är positiva till att barnen har läxor i skolan.
   Det positiva är, enligt föräldrarna:
   *Barnen får repetition av det de har lärt sig i skolan.
   *De sprider ut tränandet både till skolan och hemmet.
   *De tränar färdigheter.
   *De får läxrutiner och studievana för högre årskurser och skolformer.

Andra synpunkter som kom fram vid intervjuerna:
*Det är bra för föräldrarna att få inblick i skolarbetet.
*Läxan får inte vara alltför omfattande och betungande.
*I de tidigare årskurserna måste det också finnas tid för lek under eftermiddagen/kvällen.
*Det är bra med fasta läxdagar.
*Bra med information om läxan från läraren. Det kan ske via någon form av veckobrev, digitalt eller analogt.
*Barnens läxläsande tillsammans med en förälder kan bli en mysig stund.
*Läxan ska inte vara inlärning utan extra träning av olika, kända moment.
*Läxfrågan kan vara en arena för ojämlikhet; om man inte har läxor, får ändå vissa barn hjälp av föräldrar med skolarbete - andra inte. Det blir orättvist!
Om man har läxor får vissa barn mer hjälp hemma än andra. Det blir också orättvist!
*Det negativa med läxorna är att några barn ibland suckar över hemuppgifterna och att det då blir föräldrarna som får övertyga sina barn om läxornas förträfflighet.

Betyg:

Nästan alla av föräldrarna var överens om att det är bra med betyg, dock skall de inte komma för tidigt. Årskurs
6 eller 7 kan vara lagom (alltså så som grundskolan har det nu).
Den negativa synpunkten gällde det subjektiva i betygssättningen och att det finns olikheter mellan olika skolor i hur man ser på betygs-kriterierna. Detta är något som skolor och myndigheter jobbar på att lösa, men i skrivande stund, 2017, är man ännu inte framme.

Dåligt uppförande (från det egna barnets sida):

Om föräldrarna får meddelande om att deras barn har uppfört sig illa i skolan var attityden till detta helt samstämmig: Man tar först upp händelsen med sitt barn och förutsätter inte reflexmässigt att det egna barnet är oskyldigt.

Sedan går man vidare till andra inblandade barn/familjer och till skolans personal. Om det är befogat kan det få konsekvenser hemma t.ex. i form av uteblivna förmåner.

Man rusar inte iväg och anmäler skolan utan bidrar till en god lösning av problemet.

Detta gör säkert att barnen får en lösningsorienterad inställning till uppkomna problem.

Lärarens uppgift är att...

*»se barnet«. Med detta menas att läraren måste skaffa sig en uppfattning om barnets status vad gäller kunskaper för att kunna ge råd och stöd och kompletterande undervisning.

Det gäller också sådant som att veta hur barnet har det med kamratrelationer och vuxenrelationer, hur barnet har det på rasterna o.s.v.

*stimulera till inlärande och göra kunskaperna intressanta, vilket i sin tur förutsätter att läraren själv har goda kunskaper och har fått möjligheter till fortbildning.

*hjälpa eleverna att se saker i sitt sammanhang, att lära sig saker av historien för att klara sig i livet och för att kunna ta ställning i olika frågor.

*lära barnen hur man lär sig och hur man söker kunskap samt att vara källkritisk i sitt lärande.

*låta barnen söka sin egen religiösa övertygelse och sin egen livsåskådning.

*stärka barnen, uppmuntra och ge dem trygghet.

*respektera barnen. Barnen ska uppleva läraren som »snäll«. Ordet »snäll« kommer nästan alltid igen när barn ska beskriva hur en bra lärare ska vara, men vad betyder det ordet egentligen?

Kommer man lite bakom formuleringen, visar det sig att en »snäll« lärare inte är långsint, en »snäll« lärare är förutsägbar både till sitt humör och sitt arbetssätt, visar respekt för sina elever och vill deras bästa. Den lärare som lyckas förmedla detta betraktas som »snäll«!

*Det ska vara roligt att gå till skolan och att gå ut på rast. De barn som tycker att rasten är det bästa i skolan kan skatta sig lyckliga. Det betyder nämligen att de har en trygg och god relation till sina kamrater, varma och bra ytterkläder och goda förutsättningar att tillägna sig kunskaper när de kommer till nästa lektion!

*Skolan ska sköta det som har med lärandet att göra och det som hör till livet i grupp. Däremot ska föräldrarna ta huvudansvaret för att ge sina barn en god uppfostran. Det var en samstämmig uppfattning i alla intervjuerna.

Del 2.

Egen sammanfattning och egna reflektioner.

Sammanfattning och reflektioner.

Det är intressant att notera att mycket av det som föräldrarna i undersökningen har uttryckt stämmer väl överens med övriga föräldrars åsikter. Det är viktigt att poängtera att de flesta familjerna inte umgås med varandra och att deras åsikter på det sättet inte har påverkat de andra. Det finns socialt umgänge mellan två par av familjerna. Min uppfattning är dock att det inte har påverkat resultatet i undersökningen eftersom barnen inte har vuxit upp som bästisar från småbarnsåren.

Vad finns då som gemensamma nämnare bland de värderingar som har styrt barnens uppväxtår från 0 – 10- årsåldern och som har varit viktiga hos föräldrarna i deras sätt att tänka omkring sina barn.

Framför allt har två faktorer spelat roll:

*Den ena är **tiden**. Utan att ha varit medvetna om det har föräldrarna använt sig av tiden för att uppnå det de har önskat för sina barn, detta är min uppfattning. De har, i flera fall, avstått från delar av sin egen »karriär« för sina barns skull.

Bland annat har det inneburit minskad arbetstid eller användande av tid för studier, det har också inneburit att praktiska saker har fått ta längre tid att utföra. Detta att inte jäkta sig fram genom livet bidrar till att inte bara vuxna utan naturligtvis också barn har chansen att leva i takt och harmoni med sig själva. Att avstå från saker är inte det enda sättet att utnyttja tiden. En god framförhållning är ett annat. Det kan gälla så banala saker som att ta på skor och ytterkläder fem minuter tidigare när man ska till förskolan eller affären för att slippa ord som »Skynda dig nu annars kommer vi för sent!!!«. Alla småbarnsföräldrar vet vad jag talar om. Även jag har varit i »skynda dig-«träsket...

Att låta sina små barn ta på sig sina kläder själva kan vara prövosamt och, i det korta perspektivet, ta mycket längre tid. Det kan emellertid i det längre perspektivet visa sig vara en mycket god tidsinvestering både för förälderns nerver och blodtryck samt för att saker ska kunna gå fortare längre fram. Finns det möjligen någon av er, läsare, som har hört orden: »Kan själv!!!«

Jag har, i vuxen ålder, myntat mitt eget valspråk när det gäller tiden:

Tiden är min bundsförvant – inte min fiende!

Ur ett vuxet perspektiv betyder det att också jag har upptäckt att tiden faktiskt läker sår, åtminstone de flesta, även om ärren kan finnas kvar. Det betyder också att tid för eftertanke ofta är en bra investering. Ska man fatta beslut tillsammans med andra, är en något utdragen process ofta ett snabbare sätt att komma fram till målet eftersom reflektionstiden i sig är ett smörjmedel när det gäller att tänka i annorlunda banor.

*Den andra faktorn som har varit genomgående i undersökningen är **samtalet**. Det som kom fram vid intervjuerna är i första hand samtalet vid matbordet och på sängkanten när det är dags att somna inför natten.

Det goda samtalet börjar emellertid redan efter förlossningen, på skötbordet, vid barnvagnspromenaden och vid matstunden under det första året.

Det är faktiskt så att jag först med mina barnbarn har upptäckt hur mycket man pratar med nyfödda barn. Jag gjorde det naturligtvis med mina egna barn också men det har tagit mig 40 år som förälder att upptäcka allt det fantastiska som händer mellan vuxen och barn i kommunikationen mellan ögon, öron, munnens prat/ljud/leende/gråt, det som också kallas spegelneuroner och som betyder så mycket för ett barns utveckling.

Spegelneuroner är alltså det som sätter igång oss när vi härmar och påverkas av ansiktsuttryck hos människor vi möter på jobbet, på bussen, i kyrkan och som sagt vid skötbordet. När jag använder ordet »härmar«, menar jag det omedvetna härmandet som sker i dessa situationer.

En sak som bekymrar mig är när jag ser föräldrar som är ute på barnvagnspromenad, där mobiltelefonen verkar vara viktigare än pratet med barnet i vagnen. Vad ger det för signaler till barnet att telefonen är viktigare?

Nej, prata med ditt barn vid varje tillfälle som erbjuds, mobilpratet kan du göra när du sitter ensam på hemmet en gång!

Och när jag ändå är inne på klagandet: Jag tycker faktiskt det är lika illa med föräldrar som är ute med sitt barn och lyssnar på musik i lurar. Om barnet sover är det väl OK, men inte när barnet är vaket! Vi måste vara medvetna om att allt prat är utvecklande för ett barn även om det inte förstår orden vi säger. Det är så mycket som också ligger i nyanserna, i melodin och i uttrycket.

Ytterligare en sak som ligger i språket är läsandet av böcker, allt från pekböcker som man läser om och om igen tills böckerna faller sönder och ända till de böcker som barnen läser när de har blivit ungdomar och som föräldrarna inte förstår ett jota av.

Forskarna har upptäckt att ordförrådet vi har i olika, givna åldrar har ett tydligt samband med det antal böcker vi har lyssnat till och tittat i under vår uppväxt. Helt säkert är det inte bara läsningen som har betydelse. Det är säkert också själva lässituationen, alltså att sitta nära, att få peka, att kunna fråga om saker.

Barn spelar roll!

Detta kapitel innehåller både tröst och hopp för dig som har barn som inte hör till de tuffas skara.

Jag har nämligen under många år gjort iakttagelser som först under de senaste åren har fallit på rätt plats och hjälpt mig att förstå vissa samband mellan barnaåren och livet som vuxen.

På sätt och vis hör det inte ihop med den här bokens första del och ändå hör det underligt nog ihop.

Det är nog så att de flesta av de välfungerande barnen hör till vad jag kallar kategori B i det som jag nu kommer att beskriva. Alla gör det inte, det är viktigt att komma ihåg.

Barnen i kategori A är lätta att känna igen. De hörs och syns. De är lite tuffare mot sin omgivning än vad andra barn är. De tar för sig, står alltid först i kön, de kan vara retliga mot sina kamrater, det kan vara de som står för ledarskapet i mobbning. Det är inte alltid så att de syns mest i mobbningssammanhang, de kan ligga lite i bakgrunden, men de kan ändå underblåsa konflikterna och på det sättet ha en ledarposition. Även medlöparna kan höra till dem som spelar tuffa roller, liksom de tuffingar som har mer oskyldiga roller i klassen.

Trots det är mobbarna ibland osäkra. De kan ha en dålig självkänsla men döljer detta och kompenserar det genom att spela en **roll** som »den tuffe«. Ibland ackompanjerar de sig själva med fysisk styrka men ibland har de annat på sin repertoar som hjälper dem att dominera så som Måns gör i böckerna om Pelle Svanslös. Måns lät ju alltid Bill och Bull utföra elakheterna, ofta med klent resultat.

I nästan varje skolklass finns det barn som har tagit på den tuffa masken och som har förstått hur man spelar olika roller där man döljer vem man innerst inne är och där rollspelet kan vara ett sätt att förverkliga en önskan om att få vara någon annan än den man egentligen är.

Det kan faktiskt vara jobbigt för dessa barn att varje dag leva upp till det som bara är en roll men som omgivningen förväntar sig. Detta utan att egentligen vara elaka, det är också bra att komma ihåg.

Den andra kategorin, B, är lite svårare att identifiera utifrån eftersom de barnen inte hörs och syns så mycket. De kan också förefalla svagare eftersom de inte tar för sig själva på andras bekostnad, de är vänliga, oegennyttiga, hjälpsamma och artiga.

De vet inte hur man maskerar sig till en annan roll än den man egentligen är. De kan också, ibland, ha brister i sitt självförtroende.

Även om de nu är svårare att identifiera, verkar det som om de har lättare för att känna igen sig själva i beskrivningen än barnen i kategori A.

När jag talar med vuxna om det här, får jag genast igenkännande nickar.

Jag själv var ett typiskt kategori B-barn. Jag var nog betraktad som ganska snäll, vad det nu står för? Jag var lite sen i min motoriska utveckling, vilket gjorde att jag de första skolåren ofta blev vald bland de sista i olika bollspel under gymnastiklektionerna. På den tiden, runt 1960, fick högstatuseleverna sköta laguttagningarna. Jag har alltså upplevt den nesan, att bli vald bland de sista, vilket nog har varit ganska nyttigt. Det var inte förrän i 4:e klass som jag kom ikapp rent motoriskt, och senare blev jag hyfsat duktig i många bollspel.

Jag minns inte att jag blev mobbad i barnaåren. Lite retad ibland och »vid behov« men inte så mycket mer. Dessutom fattade jag aldrig förrän efter tonåren hur man skulle göra för att få kontakt med det motsatta könet, alltså hur man skulle få en tjej. I det avseendet hade det nog varit mycket lättare om jag hade kunnat spela en tuff roll, åtminstone under tonåren.

Är det då synd om kategori B-barnen som ofta får spela andra fiolen under uppväxtåren?

Nej, jag tror inte det. Åtminstone inte i det längre perspektivet och inte om de får mötas av förståelse och uppmuntran från den omgivningen som består av familjen och riktiga kompisar.

I det följande ska jag försöka beskriva vad som händer när barnen går in i vuxenlivet.

Att spela en roll, särskilt en tuff sådan, är inget som ger så många vuxenpoäng, varken i arbetslivet eller i det sociala umgänget.

Det kan vara ytterst jobbigt att ha en arbetskamrat som spelar en roll inför omgivningen. Personen i fråga blir ganska snabbt avslöjad och upplevs inte som ärlig. Ett sådant yrkesmässigt missförhållande kan hålla i sig länge och åtföljas av obehagskänslor på arbetsplatsen. I bästa fall kan det ske en demaskering och en utveckling som hjälper rollspelaren till ett bra liv och ett avspänt förhållande till sin omgivning. I värsta fall följer de dåliga relationerna med år efter år, från arbetsplats till arbetsplats.

Att höra till kategori B ger ett mycket lättare inträde i vuxenvärlden. Det som gjorde livet besvärligt i uppväxtåren kan, i bästa fall, göra att arbetskamraterna får en kollega som är förutsägbar, empatisk och lätt att ha att göra med, med andra ord en som kan vara sig själv och inte spela en roll. Den kan också hamna i en god cirkel med både en ökande självkänsla och ett ökande självförtroende där andra goda egenskaper får fritt spelrum.

I det sociala livet ger det ofta en trygghet för alla inblandade.

Det jag skriver om här är renodlade personlighetsdrag. I verkliga livet är de flesta av oss bärare av en blandning av egenskaper. Vi lever dessutom i ett socialt sammanhang som påverkar oss i olika riktningar.

Så ni föräldrar som är oroliga för att era barn inte hör till högstatus-eleverna i klassen – stötta dem, uppmuntra dem till att söka »rätt« kamrater och tänk på att det som gör livet lite jobbigt i barnaåren är något som kan bli en resurs för dem i vuxenvärlden.

Förvisso hindrar det inte att livet, hos en del, kan skava ordentligt under perioder likaväl som att det mesta kan flyta på utan skav hos andra individer.

Det är intressant att konstatera att en del av de mera försiktiga barnen mycket gärna spelar teater inför klassen på t.ex. klassens timma. Där kan de, med ett minimalt mått av rekvisita, ikläda sig en roll och verkligen spela ut hela den repertoar som de aldrig skulle drömma om i vanliga fall. Många är de lärare, som redan i första akten, bekymrat tittar på klockan och funderar på hur klassen ska hinna passa sin mattid...

Många etablerade skådespelare har också vittnat om att de som barn var ytterst blyga och som inte kan förstå hur de själva kunde vara så dumma att de gav sig in på en skådespelarbana och som alltid drabbas av ångest när de förbereder sig för kvällens föreställning.

Men – så fort de stiger ut på scenen i sin roll kan de framföra ett lysande stycke teater och verkligen beröra sin publik.

Epilog

Jag vill knyta ihop den här skriften med att lyfta fram några saker som är en hjälp i många sammanhang, som gör livet lite lättare att leva och som gör att man kan tackla många av de problem som man möter.

Jag kommer också något att beskriva hur jag har arbetat med mina elever för att ge dem dessa verktyg.

Det gäller de frågor som jag har velat åskådliggöra med hjälp av intervjuerna med de föräldrar som ställt sig till förfogande i undersökningen.

Det gäller också de flesta frågor som vi människor brottas med genom livet även om vi inte når fram till de svar som vi är helt nöjda med.

Det första jag vill lyfta fram är vikten av att leva ett **reflekterande liv.**

Med det menar jag att för de flesta människor blir livet lättare att leva om vi unnar oss stunder av eftertanke. Livet innehåller ju ett oändligt antal val och i de flesta val blir det lättare att hitta rätt om jag redan i förväg har bestämt min färdväg. Låt mig ta ett exempel: Till ett hus som jag bodde i tidigare hörde en trädgård som krävde en hel del maskininsatser för vissa tyngre arbeten. Då och då anlitade jag en man och hans grävmaskin. Vid det första tillfället var det ett (för honom) mycket litet jobb som behövde göras. När jag frågade efter hans ersättning, sa han: Du får väl ge mig en hundralapp. Han fick pengarna och jag kände ingen större skuld mot det svenska skattesystemet, trots att det ju faktiskt var »svarta pengar«. Det gav mig i alla fall tillfälle till reflektion över hur jag ska förhålla mig till kommande, större arbeten. Det var inte så svårt för mig att fatta ett beslut att fortsättningsvis begära kvitto och därmed få betala ett högre pris, inkluderande skatt. Det är kanske ett banalt exempel men det visar ändå att det är lättare att hålla fast vid principer som är rättfärdiga om man har reflekterat över sina bevekelsegrunder i livet redan innan man är utsatt för frågeställningen.

Jag är medveten om att många tycker att jag är korkad som frivilligt betalar ett högre pris när jag kan komma undan med ett lägre, men för mig känns det bra.

Jag är säker på att Mona Sahlin, förre ministern, gärna hade betalat sin Toblerone om hon hade förstått vad som skulle hända och vilka konsekvenserna skulle bli.

Det sista decenniet som lärare har jag låtit mina elever träna på konsekvenstänkande. De har fått arbeta en del med att reflektera över frågor på det sättet att jag har lämnat ut tankenötter och dilemman av etisk natur. De har fått en liten stund på sig att fundera. Därefter har vi tagit tid till diskussion där alla har haft chansen att komma till tals. Särskilt i en klass visade det sig att en av flickorna ofta hade intressanta och mogna tankar att dela med sig av, så intressanta att hela klassen med spänning väntade på att få höra hennes förslag till lösning av »dagens problem«. Det gav henne också en bra position i klassen trots att hon egentligen inte var en elev med vassa armbågar.

Ett annat skolexempel är hämtat från när eleverna skulle skriva berättelser. Då gjorde vi ibland så, att de fick vara beredda och ha papper, penna och sudde framme. Så gav jag en utgångspunkt för berättelsen men eleverna måste först tänka under tystnad i ett par minuter. Sedan fick de börja skriva. Det visade sig att de allra flesta, genom reflektionen, hade mycket lätt för att komma igång med berättandet.

Genom de här exemplen förstår vi att reflekterande kräver ett visst mått av **tid**, som är det andra jag vill lyfta fram. Man kan inte skynda sig igenom en tankeprocess eftersom man då riskerar att jäkta sig förbi viktiga infallsvinklar som kan tillföra fakta och lösningar av betydelse.

Jag är rädd att just tid är en bristvara både för våra politiker och för de företagsledare som hamnar i problem av etisk natur och som får schavottera i media därför att de har handlat på ett sätt som strider mot den moral som är självklar för de flesta medborgare i vårt land.

Vid ett tillfälle, i ett samtal med en av våra riksdagsmän, frågade jag honom just om detta, huruvida han som riksdagsman har tid till reflektion i sitt arbete. Jag fick svaret, med ett beklagande, att den tiden drunknar i inläsning av handlingar, skrivande och annat partiarbete.

Det är nog så att för att ta sig tid för reflektion måste man nog först ta sig tid för reflektion…

Förebilder, den tredje faktorn.

»No man is an island, no man stands alone…«

Så sjöng Joan Baez på 1970-talet. Sången handlar om att vi människor delar livsvillkor, glädje och sorg med varandra.

Vi kan också låta tanken fortsätta till en medvetenhet att vi faktiskt kan lära av varandra, på gott och på ont. Det är ju så människosläktet har utvecklats genom historien.

I det här sammanhanget tänker jag på att vi kan skaffa oss förebilder i livet, men också på att vi kan vara förebilder för andra, fortfarande på gott och ont.

Om vi handlar oetiskt i fråga om fastigheter och skatter, ökar risken att vår omgivning gör likadant.

Om vi däremot håller en god moralisk standard i våra liv ökar chansen att vi påverkar andra i samma riktning eftersom vi människor har en tendens att härma andras livsmönster, återigen på gott och ont.

Det finns många människor genom historien som har handlat oegennyttigt och på det sättet blivit till föredömen för andra.

Eftersom det här är en bok om Välfungerande barn och inte om världshistoria, nöjer jag mig med att nämna några namn:

Nelson Mandela, Mahatma Gandhi, Dietrich Bonhoeffer, Martin Luther King Jr.

Alla dessa, och många fler, fick betala ett mycket högt pris för sin kamp för det goda. De tre sistnämnda föll offer för mördare. Endast Mandela dog en naturlig död. Hans personliga offer blev 26 år i fängelse.

Du kan läsa om maktutövning i min tidigare bok »Den goda makten – finns den?« (Elftorp 2017, BoD)

Jag hoppas att du, käre läsare, har kunnat finna någonting i den här boken som du kan bygga vidare på, vare sig du är lärare, förskollärare, förälder, mor- eller farförälder eller om du helt enkelt är intresserad av vad det är som ger oss...

VÄLFUNGERANDE BARN!